SUR GRIN VOS CONNAISSANCES
SE FONT PAYER

- Nous publions vos devoirs
  et votre thèse de bachelor et master

- Votre propre eBook et livre –
  dans tous les magasins principaux du monde

- Gagnez sur chaque vente

Téléchargez maintentant sur www.GRIN.com
et publiez gratuitement

Yannick Kwast

L'occitan: De l'origine et sa situation actuelle

GRIN Verlag

Bibliografische Information der Deutschen Nationalbibliothek:

Die Deutsche Bibliothek verzeichnet diese Publikation in der Deutschen National-
bibliografie; detaillierte bibliografische Daten sind im Internet über http://dnb.d-
nb.de/ abrufbar.

Imprint:

Copyright © 2010 GRIN Verlag GmbH
Druck und Bindung: Books on Demand GmbH, Norderstedt Germany
ISBN: 978-3-656-43395-8

This book at GRIN:

http://www.grin.com/fr/e-book/211660/l-occitan-de-l-origine-et-sa-situation-actuelle

GRIN - Your knowledge has value

Der GRIN Verlag publiziert seit 1998 wissenschaftliche Arbeiten von Studenten, Hochschullehrern und anderen Akademikern als eBook und gedrucktes Buch. Die Verlagswebsite www.grin.com ist die ideale Plattform zur Veröffentlichung von Hausarbeiten, Abschlussarbeiten, wissenschaftlichen Aufsätzen, Dissertationen und Fachbüchern.

Gymnasium Hohenschwangau
Schuljahr 2010/11
Colomanstraße 10
87645 Schwangau

Seminararbeit

aus dem W-Seminar „Provence-Alpes-Côte d'Azur- A la découverte d'une région"

Leitfach : Französisch

L'occitan: De l'origine et sa situation actuelle

von
Yannick Kwast

Bearbeitungszeitraum: Q11/2 und Q12/1

Abgabetermin: 9. November 2010

Table de matière

1. Introduction

« Liberté, égalité, fraternité ? » Mais cette parole célèbre, absolument symbolique pour la France, ne compte pas pour les langues en France. Car ce n'était pas toujours tout naturel de parler français dans toute la France. Il y a des centaines d'années, le pays n'était pas vraiment homogène concernant les langues. Il y avait des autres langues à côté du français qui étaient une insulte permanente pour le gouvernement. L'occitan est une de cette langue entre autres qu'on a essayé d'évincer et finalement éliminer pour affirmer le français. Tout de même, on remarque aujourd'hui que l'occitan n'est pas complètement disparu même qu'il n'y a plus autant de personnes qui le parlent qu'autrefois. Mais il existe encore. Pourtant, la question se pose à cause de quoi ? Hasard ? Des efforts de l'État ? Des efforts des organisations données naissance par des gens privés ?

C'est pourquoi il faut chercher les raisons pourquoi l'occitan est dans une situation si difficile luttant contre la disparation. En plus, on doit étudier les organisations qui essaient de maintenir la langue d'oc.

2. Histoire de l'occitan

Déjà 125 avant J.-C.[1], les Romains ont apporté le latin dans la région
Occitanie avec leur système politique et leur culture. De ce moment,
l'occitan a commencé à se développer du latin. Après l'anéantissement
de l'Empire romain, les Wisigoths ont construit leur règne en 413. Ici
ne vivaient pas un grand nombre d'eux et ils continuaient à utiliser le
latin comme langue administrative. C'est pourquoi ils ne pouvaient pas
influencer la langue ici[2] et ce qui arrive en plus c'est que leur empire
existait pour moins que cent ans à cause d'une défaite dans une
guerre contre les Francs. Après cela, les Wisigoths se retiraient dans
une petite région à la côte Languedoc où ils sont restés jusqu'au hui-
tième siècle. Mais aussi les Francs, comme les Burgondes un peu plus
tard, n'administraient pas vraiment cette région. Cela avait comme
conséquence qu'il n'y avait presque pas d'influence germanique dans la
langue occitane. Ainsi, l'occitan pouvait se développer pendant tout le
temps sans que des autres langues y aient laissé un superstrat.[3]

Les premiers textes littéraires se sont produits en l'année 1000, mais
la floraison a commencé à partir de 1100 avec les troubadours. Ceux-
ci étaient des poètes, chanteur et compositeurs. Le premier troubadour
était Guilhem, duc d'Aquitaine. Ce qu'on remarque c'est l'homogénéité
de la langue dans les premiers ouvrages occitans.[4] Mais ce phénomène
peut être expliqué en regardant les écartes entre les différents lec-
teurs. À cause de ce grand espace il fallait une langue la plus neutre
possible pour atteindre beaucoup de gens avec seulement un texte. Le
plus vieux document conservé date de l'année 1102 et témoigne de
l'utilisation de l'occitan dans les ressorts administratifs, même du fait
que le Latin était la langue pour les affaires politiques. Le Latin a eu
une grande importance dans ce temps, comme ça on a appris à lire et
écrire le latin avant la langue maternelle.

---

[1] Kremnitz, Georg: Das Okzitanische. Sprachgeschichte und Soziologie.
Tübingen 1981. S.20
[2] Nique, Christian : Précis d'occitan et de catalan. Montpellier 2006. S.11ff
[3] Kremnitz, Georg : Das Okzitanische. S.21
[4] Nique, Christian : Précis d'occitan et de catalan. S.13

Un tournant a commencé avec la croisade d'Albigeois en 1209 par laquelle Toulouse a été détruit. Comme ça, l'État française pouvait améliorer son statut à Toulouse pour que les Français pussent annexer la région plus tard à cause d'un héritage en 1271. La destruction de Toulouse n'a pas seulement détruit la ville mais aussi le milieu où les troubadours travaillaient habituellement. Alors, ils ont abandonné la région et sont allés en Italie du nord. Quand même, l'occitan restait la langue utilisée pour l'administration, même si on trouve de plus en plus de documents français depuis lors. Mais les gens ayant à faire avec ces documents ne font vraiment qu'une petite partie de la population. Après la victoire dans la guerre de cent ans en 1453, on a commencé à appuyer le français plus fortement en construisant des Parlements et des Cours suprêmes à Toulouse, Bordeaux et Aix. À partir de 1490, plusieurs arrêtés stipulaient l'usage du français ou d'une langue régional pour des documents. Ces réglementations avaient seulement une raison et c'était de supplanter le latin. En fin de compte, le français était la langue écrite et l'occitan la langue parlée pour des affaires non seulement privées mais aussi officielles. Mais en tout cas, le paysan moyen ne devait pas prendre contact avec des hommes d'État, de ce fait, la majorité de la population ne parlait que l'occitan.[5]

Un grand virage se passait quand on a adopté la loi de Villers-Cotterêts en 1539. Celle-ci n'interdisait pas seulement l'usage du latin mais aussi l'emploi des langues locales qui étaient tolérées avant l'édit de langue. Comme ça, il se passait finalement que l'occitan disparaissait comme langue administrative pendant un temps qui ne durait pas plus longtemps que deux générations. Toutefois, ça ne faisait pas du tort à l'usage oral de l'occitan parce que la plupart de la population ne savait pas écrire.[6] Malgré tous les locuteurs, la langue écrite a perdu ses normes en l'espace de cinquante ans. Mais en effet, il y avait déjà la première petite renaissance à la fin du 16ième siècle quand plusieurs auteurs écrivaient en occitan. Comme ça, ils montrent leur lien avec leur langue maternelle. Il faut tenir compte de cela parce que ces per-

[5] Kremnitz, Georg: Das Okzitanische S.22ff
[6] Nique, Christian : Précis d'occitan et de catalan S. 19

sonnes étaient des juristes ou des ecclésiastiques, donc des gens qui devaient utiliser le français quotidiennement. Cette lueur d'espoir était augmentée par le fait qu'un roi, Henry IV, parlant l'occitan comme langue maternelle arrivait au pouvoir en France. Sous son règne, il pouvait aboutir des compromis entre les défenseurs de l'occitan et du français. Mais toute la peine était en vain à cause de l'assassinat du roi plus tard. Cela avait comme conséquence que le successeur pouvait fonder le règne absolu qui avait évidement le français comme langue nationale. Jusqu'au 18ième siècle, un grand nombre de la haute société ne savait pas parler un mot de français. Mais un premier changement s'indiquait avec le « Méridionale ridicule ». C'était un phénomène qui se montrait surtout dans les théâtres. Les acteurs y essayaient de parler le bon français parce qu'il avait l'air d'être plus chique que l'occitan. En parlant le français les gens en générale espéraient améliorer leur statut social dans leur milieu. Mais malgré tout, pendant la Révolution entre les années 1788 et 1789, il fallait traiter beaucoup de négociations en occitan parce que les représentants de la troisième catégorie ne savaient ni parler ni comprendre ni écrire le français. Ce haut taux d'analphabètes ainsi que le grand nombre de personnes ne savant pas parler français, peut être expliqué par la faible perspective de promotion sociale. Il n'y avait aucun motif donné pour un enfant d'un paysan d'apprendre le français quand chaque voisin, ami et parent du village ne parle que l'occitan. Ils ne devaient tout simplement pas parler français dans la pleine campagne. Mais comme déjà dit, on était en train de préparer la révolution et comme conséquence, la population gagnait la possibilité d'atteindre une vie plus agréable à cause de l'abrogation d'Absolutisme. Donc, maintenant on pouvait atteindre une ascension sociale quand on était disposé à se défaire de sa langue maternelle et apprendre le français. Au début de pouvoir du nouveau gouvernement, en 1791, il chargeait un homme appelé Dugas à traduire les lois les plus importantes en occitan. Mais un peu plus tard, l'opinion de la politique de langue s'est déjà changée. Ils commençaient aussi à dépouiller les langues minoritaires de leurs locuteurs. À cause d'un résultat d'un sondage disant que six millions de Français ignorent la langue française, l'Assemblée nationale prenait une décision en 1794: elle réclamait que chaque citoyen doit savoir parler français. Mais elle n'a pas fait la faute de seulement réclamer cela, elle a aussi pris des mesures contre le problème. En installant l'obligation scolaire elle essayait de lutter contre l'analphabétisme mais la mise en œuvre a duré jusqu'en 1880. Ce qui compliquait la situation pour l'occitan, c'est qu'il y avait des grands problèmes économiques dans le sud de la France parce qu'il manquait des liaisons de l'est à l'ouest, on n'a pas extrait les richesses minières et les banques étaient en déconfitures à cause du fait que le gouvernement investissait beaucoup d'argent seulement dans les colonies. Cela avait comme conséquence que le nombre de la population stagnait entre 1851 et 1954 dans le sud alors qu'il y avait une croissance démographique dans toute la France de six millions. C'est-à-dire que le nombre relatif de locuteur occitan est devenu plus petit. Comme déjà mentionné, l'obligation scolaire était introduite en 1880 et en même temps, on a décidé qu'on doit punir les élèves pour chaque mot occitan parlé à l'école. Mais ça se passait avec l'approbation des parents parce qu'ils voulaient maintenir la perspective de promotion sociale pour leurs enfants. Malgré tous ces efforts, ce n'était naturellement pas possible d'exiler la langue complètement. C'est pourquoi il s'est développé un mélange entre l'occitan et le français qui s'appelle Francitan.[7] A partir de l'année 1951, l'occitan n'était plus la langue opprimée parce qu'à l'époque, la Loi Deixonne a été votée qui permettait la matière occitane dans le lycée pour une heure par semaine. En 1975, la possibilité d'apprendre l'occitan a était élargie par la Loi Haby qui accède qu'on peut l'apprendre dans chaque école.[8]

---

[7] Kremnitz, Georg: Das Okzitanische S.25-31
[8] Schick, Sabine: Die Calandreta-Bewegung zwischen Okzitanismus und Reformpädagogik: Eine empirische Untersuchung zur bilingualen Erziehung in Südfrankreich. Frankfurt am Main 2000. S. 23f

3. Occitan aujourd'hui

3.1. Situation juridique des langues minoritaires[9]

La France est le seul pays de toute l'Europe qui proclame dans sa constitution qu'il y a seulement une langue officielle sans mentionner des autres langues qui ont leurs origines en France. Tous les autres pays ne disent soit rien concernant les langues soit ils reconnaissent les langues minoritaires. L'article deux de la Constitution française dit : « La langue de la République est le français »[10] Comme ça, la France aurais la possibilité d'interdire chaque autre langue. Mais cette loi n'est pas une vieille loi, elle était ratifié après la Charte européenne des langues régionales ou minoritaires qui était adopté en 1992. La charte veut protéger les gens contre la discrimination à cause de la langue utilisée. Par ailleurs, elle revendique de l'État qu'il soutient les langues minoritaires et régionales activement. C'est le devoir de l'État de s'investir beaucoup pour la diversité linguistique à la condition qu'il y ait plus qu'une langue.

3.2. Diffusion d'occitan et ses variantes

Au début il faut dire qu'il n'y a pas seulement « l'occitan ». L'occitan est une langue, alors ça signifie qu'il existe, comme dans chaque autre langue, des dialectes. Les trois plus importants sont le nord-occitan, le sud-occitan et le gascon.[11] Le gascon est le dialecte le plus différent comparé

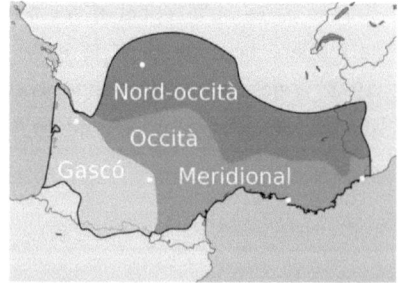

Illustration 1

---

[9] Les informations suivantes sont tirées de
Schick, Sabine: Die Calandreta-Bewegung zwischen Okzitanismus und Reformpädagogik. S. 101
[10]

http://www.legifrance.gouv.fr/html/constitution/constitution2.htm#preambule
[11] Nique, Christian : Précis d'occitan et de catalan. S. 72

avec les autres. Quand même, les locuteurs des différents dialectes se comprennent mutuellement. La région où on parle la langue d'oc s'étend dans le tiers du sud de la France, mais aussi dans le Val d'Aran qui fait partie de l'Espagne et dans des vallées des Alpes de l'Italie du nord. Si on additionne tout, cela fait une superficie de 200.000km².[12]

3.3. Locuteurs

3.3.1. Nombre de locuteurs

Il y a deux groupes des locuteurs occitans qu'il faut différencier : les locuteurs qui apprennent la langue intentionnellement et ceux qui l'ont appris comme enfant par leurs parents, donc ceux qui ne l'ont pas appris volontairement. Une grande différence entre ces deux groupes est que les locuteurs apprenant l'occitan ne le savent pas si bien parler comme les gens qui le parle comme langue maternelle. Pourtant, le premier groupe sait mieux l'écrire.[13] Malheureusement, il n'y a pas de nombre actuel fiable concernant les locuteurs d'occitan. Les déclarations suivantes disponibles ne sont que des estimations des années soixante-dix : deux millions parlent et quatre millions comprennent l'occitan et des autres évaluations supposent deux millions le parle et dix millions le comprennent. On voit que le nombre concernant les locuteurs sont semblable mais celui qui concerne les gens qui le comprennent, ce nombre varie beaucoup.[14] Des évaluations plus récentes vont de plusieurs milliers de personnes.[15]

---

[12] Kremnitz, Georg : Das Okzitanische. S. 8ff
[13] Schick, Sabine : Die Calandreta-Bewegung zwischen Okzitanismus und Reformpädagogik. S.18f
[14] Kremnitz, Georg : Das Okzitanische. S. 12
[15] http://www.ladepeche.fr/article/2010/07/00/871085 L occitan prend un coup-de-jeune.html

10

3.3.2. Occasions de l'utilisation

Maintenant, il faut élucider la question qui exactement parle quand, où
et de quoi en occitan. Généralement, on peut établir que l'occitan est
la langue pour la famille. Ça veut dire que particulièrement les grands-
parents le parlent entre eux et avec les parents. Ils peuvent l'utiliser
aussi avec les voisins à condition que ceux-ci sachent parler l'occitan.
Une autre possibilité pour parler en occitan c'est au marché dans le
village. Mais comme le mot village le dit déjà, l'utilisation quotidienne
est presque exclusivement possible dans le paysage champêtre.[16] Alors
quand on va en ville, il faut savoir parler le français pour communiquer
avec les autres gens. Un autre aspect qui oblige à parler la langue nationale, c'est quand il s'agit de la politique, l'économie et la science par
exemple. Ces sujets ne sont pas discutés chaque jour mais quand il
faut en parler c'est presque toujours important. Ne parlant pas le français dans des situations mentionnées, on se sent très vite exclu de la
société.

Peut-être il faut expliquer brièvement la différence entre une langue et
un dialecte. On parle de deux langues distinctes si deux personnes qui
veulent s'entretenir ne se comprennent pas. Mais s'ils parlent deux
différents dialectes de même origine, ils se comprennent.[17]

3.4. Les organisations soutenants l'occitan

Sabine Schick apporte une grande contribution à analyser la situation
d'occitan en faisant une enquête sous des organisations appuyant
l'occitan concernant les aspects de la fondation, la composition des
membres, ses financements, ses objectifs, leur activité dans les mé-

---

[16] Kremnitz, Georg: Das Okzitanische. S. 62f
[17] Schlieben-Lange, Brigitte: Okzitanisch und Katalanisch. Ein Beitrag zur Soziolinguistik zweier romanischer Sprachen. 2. Auflage. Tübingen 1973. Seite 4

dias, la publication des lettres et finalement leurs problèmes. Ayant expédié 400 questionnaires, elle récupérait 63.[18]

3.4.1. Fondation

Commençant avec les raisons pour fonder une telle association les fondateur ont écrit comme réponses que « défendre l'autonomie occitane », « maintenir une présence occitaniste »[19] et « faire vivre aujourd'hui la langue et la culture occitanes »[20] sont des aspects importants. Quand on regarde les années des fondations des organisations, on remarque que 76% ont été fondé après l'année 1970 ce qui est contradictoire en comparaison avec des recherches plus vieilles qui proclame que l'occitanisme ne suscite plus d'intérêt depuis les années soixante. Mais la tendance des nouvelles créations est même croissante. En traitant de fondateurs il faut montrer trois choses : premièrement, 79% de fondateurs font partie du secteur tertiaire, ce qui veut dire qu'ils sont particulièrement des enseignants. Ce fait expose que ce ne sont pas les paysans qui soutiennent l'occitan ce qu'on pourrait supposer. Mais une raison pour cela est en relation avec le fait que les paysans n'ont pas souvent les moyens de faire leurs propres organisations. La deuxième chose épatante devient visible en regardant l'âge des fondateurs, car moins que 5% sont plus âgés que cinquante ans. Ça montre que c'est la génération d'aujourd'hui, alors les gens entre 25 ans et 50 ans qui fondaient les organisations et pas les vieux ce qu'on pourrait présumer. Ce qui n'est pas imprévu c'est que 80% parlent l'occitan. Mais tout de même, ce sont 20% de gens qui s'engagent avec beaucoup d'effort pour une langue qu'ils ne savent ni parler ni comprendre ni lire. Mais ça ne retient pas les gens d'adhérer à ces organisations.[21]

---

[18] Schick, Sabine : Die Calandreta-Bewegung zwischen Okzitanismus und Reformpädagogik. S. 39ff
[19] Ebda. S. 43
[20] Ebda. S. 44
[21] Ebda. S.43-48

3.4.2.   Adhérents

Selon les 45 organisations qui ont renvoyé le questionnaire donnant un renseignement sur la quantité des membres, il y a 17500 adhérents. C'est-à-dire qu'il y a entre 18, dans les petites, et 1600 membres dans les plus grandes organisations. Le nombre de membres est devenu six fois si grands en comparaison avec les années de fondation. Cela montre que l'intérêt des gens a grandit pour l'occitan. Ce qui concerne le sexe des sociétaires, on peut distinguer une grande différence entre féminin et masculin. Aujourd'hui, mais aussi autrefois, il y a une majo-rité d'hommes, environ 60%, qui soutiennent l'occitan en s'affiliant à une association. La plupart de membres sont des enseignants, alors comme les fondateurs, ils viennent du secteur tertiaire. Ce qu'on peut constater de l'âge, c'est que plus que 68% de membres sont entre 30 ans et 50 ans. Cela affirme à nouveau que ce ne sont pas non seule-ment les gens âgés qui font la grande part du soutien. En regardant les connaissances d'occitan, on peut remarquer que beaucoup de gens ne savent pas du tout parler occitan. C'est absolument digne d'attention quand on essaie avec grand effort de défendre une langue qu'on ne parle pas soi-même. Mais ceux qui savent le parler, ils parlent un de plusieurs dialecte, c'est-à-dire qu'ils n'utilisent pas un occitan normé pour lequel ils s'investissent parfois. Environ la moitié des membres passent au moins deux heures chaque semaine dans l'organisation. Ça paraît peu de temps mais il faut tenir compte de fait qu'ils font ça dans leurs loisirs. Seulement 2% s'engagent plus que dix heures par se-maine pour l'occitan. Pourtant, il ne faut pas négliger qu'il y a aussi des personnes qui travaillent professionnellement dans les organisa-tions. Parlant de ceux-ci, il faut dire qu'ils sont des enseignants dans les écoles Calandretas ou ils sont des hommes politiques. Pour devenir un membre, les organisations exigent qu'on montre de l'intérêt pour la langue occitane et qu'on paie la cotisation.[22]

---

[22] Ebda. S. 48-56

3.4.3. Sources de revenus

Dans 93% des organisations interrogées, il y a une cotisation obliga-
toire. Mais en effet, la cotisation moyenne s'élève à 95 Francs[23] par an
ce qui montre que les associations ne visent pas que l'argent. Autre
sources de revenus sont la vente de magazines, publié par les organisations, des cours de langue ou la représentation d'un théâtre. Mais les
sommes remportées ne sont pas vraiment élevées. Les organisations
sont déjà contentes si les gens utilisent la possibilité d'être en contact
avec l'occitan.[24]

3.4.4. Domaines d'activités

Les organisations se con-
centrent avant tout sur
l'aspect de la culture. En
distribuant des prospectus
sur l'histoire et la tradition
occitanes, ils veulent obtenir
que les gens aient des connaissances générales sur
l'occitan. En plus, ils disper-

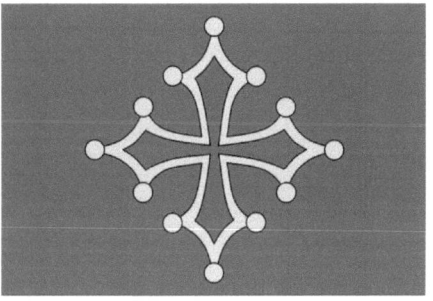

sent des invitations pour des concerts ou des autres manifestations
culturelles comme une représentation théâtrale occitane ou une soirée
dansante. En outre, ils organisent eux-mêmes des débats, des con-
cours littéraires, des manifestations, une rencontre entre des jeunes
apprenant l'occitan et des camps de vacances. Dans ces camps, les
jeunes peuvent s'amuser avec faire de la natation, l'escalade et le golf
mais il y a aussi toujours une part qui concerne l'occitan. Par exemple
apprendre des danses occitanes ou quelque chose sur la vie dans les
anciens temps dans cette région et découvrir la culture occitane.

Illustration 2

---

[23] 95 Francs correspondent à environ14,50€
[24] Ebda. S 55ff

Dans les cours des associations, il ne s'agit pas seulement d'apprendre la langue d'oc mais aussi des offres pour les gens qui savent déjà parler l'occitan. Par exemple un cours qui essaie de transmettre les autres dialectes occitans aux participants ou des danses et chants occitans. Au-delà, ils organisent des groupes de travail où on apprend à écrire des articles de journal ou à cuisiner selon la cuisine occitane. En plus, ils célèbrent des offices religieux en occitan et arrangent des marchés aux puces. Ils collaborent aussi à des émissions de radio où ils émettent des cours de langue. Quelque fois ils aident même à fonder une station radio privée. Comme déjà dit, la plupart des organisations sont actives dans le domaine culturel. Mais quand ils s'engagent politiquement, ils veulent en premier lieu que les politiciens connaissent l'importance de la culture et langue régionales. Quand ils revendiquent par exemple une plus grande présence d'occitan dans les media, ils s'adressent aux hommes politiques régionaux. Mais il y a aussi des mouvements qui ne revendiquent pas seulement quelque chose de la politique, mais qui veulent aussi faire la politique eux-mêmes en étant voté dans des élections régionales. 1986, il y avait cinq partis occitans et, seulement six ans plus tard, en 1992 le nombre doublait. Ces partis poursuivent plusieurs buts. Comme point le plus important ils indiquent bien sûr « recréer la société occitane » et « promouvoir une culture moderne, supposant aussi 'la récupération' par les Occitans de leur langue maternelle »[25]. Mais ils s'investissent aussi pour la protection de l'environnement concernant les domaines de la protection de la biodiversité d'un côté mais de l'autre pour le droit de chasser et de pêcher. Ils luttent aussi contre le fait que beaucoup de gens viennent dans le sud de la France après la mise à la retraite même s'ils n'ont aucun rapport avec cette région-là. Ce qu'ils critiquent en plus c'est le fort centralisme en France dans le secteur de l'économie. Ils reprochent aussi le manque d'investissement dans la région au gouvernement.[26]

---

[25] Ebda. S. 67
[26] Ebda. S. 58-70

3.4.5.   Présence médiale[27]

Généralement, on peut dire que des articles occitans ne sont pas dési-
rés. Les organisations ont le sentiment que « 'les journaux locaux nous
ignorent ordinairement' »[28]. Tout de même, 29% des organisations
publient un article dans un quotidien et 23% dans un magazine de
temps en temps. Ce qui affirme le problème, c'est qu'on compte les
articles occitans à l'article en langue étrangère et le prix pour celui-ci
fait le double en comparaison des articles français. La participation à
des programmes dans la radio est aussi limitée. C'est-à-dire que
presque 28% participent à la production d'une émission sur une chaîne
locale. La majeure partie a entre quelques minutes et soixante minutes
par semaine à disposition pour leurs émissions. Aucune organisation
travaille avec une radio nationale mais ça n'a rien de surprenant. A la
télévision, ce sont encore moins de collaborations, seulement 14%. F 3
Bordeaux réserve cinq heures par année pour des sujets occitans.
Même si les organisations essaient de gagner plus de temps pour être
à l'antenne, ils sont soumis à la bonne volonté de la direction des
chaînes à Paris. Mais ils préfèrent souvent des autres émissions appa-
remment plus intéressantes. A cause de ce petit intérêt des medias
public, environ une sur deux organisations publient leur propre journal.
La majeure partie sort par trimestre. Ils traitent tous les sujets de l'art,
de la politique jusqu'au calendrier de manifestation. Le tirage s'élève
de 80 exemplaires pour les plus petits jusqu'à 30000 pour le plus
grand journal. Ce qui paraît un peu bizarre, c'est que 40% de ces journaux sont tout de même écris en français. Un exemplaire complètement rédigé en occitan est l'hebdomadaire La Setmana. Elle est une
des plus connues.[29] Maintenant il se pose la question quelle ortho-
graphe est-ce qu'on utilise dans les journaux occitans ? 87,5% utilisent
la graphie normalisée, les autres 12,5% la graphie félibréenne. Ces
deux graphies sont des essaies d'unifier les différents dialectes occi-

---

[27] Les informations suivantes sont tirées de
Schick, Sabine : Die Calandreta-Bewegung zwischen Okzitanismus und Reformpädagogik. S. 75-83
[28] Ebda. S. 75
[29] Nique, Christian: Précis d'occitan et de catalan. S. 37

16

tans. Mais c'est un thème sur lequel les organisations ne discutent presque pas car on ne pourrait pas se mettre d'accord.

3.4.6. Calandreta[30]

Les associations ont des plus grands problèmes avec l'intérêt manquant de la population à cause du fait que l'État omet presque toute l'histoire locale et ne mentionne pas du tout l'existence des autres langues pendant les années de scolarité.[31] Cela mène aux pensées du patois, que ceux-ci sont de moindre qualité que le français et que leurs locuteurs ne sont pas si cultivés. Un homme décrit très bien dans la citation suivante, comment le public réagit à l'occitan :

> « [...] un jour, l'an dernier, à la banque, je trouve un ami et nous parlons gascon. Quand mon tour arrive, l'employé de banque (originaire de Rouen) me dit : « On ne se croyait pas en France ! Vous avez tort de parler patois et vous feriez mieux d'apprendre l'anglais ! » Alors je lui ai parlé anglais : l'employé est ridiculisé devant d'autres clients car il ne savait pas un seul mot d'anglais. [...] »[32]

Pour éviter telles situations, il se peut qu'on inscrive son enfant pour une école bilingue. Ces écoles ont un nom propre : elles s'appellent Calandreta. Elles se distinguent par être indépendantes de toutes les organisations politiques, syndiquâtes et religieuses. Tout de même il ne faut pas payer des frais de scolarité. Même si les Calandreta convainquent par des projets innovateurs comme voir l'individu dans chaque enfant et le droit de cogestion, ils aimeraient être incorporés dans l'Education Nationale pour qu'ils rapetissent leurs problèmes financiers. Jusqu'à un certain point, cela se passe sous forme du versement du salaire de 50% par l'État si les écoles satisfont aux conditions que les enseignants soient français, aient le baccalauréat et qu'il y ait 15 élèves au moins. Mais beaucoup de gens craignent que les valeurs mentionnées se perdent comme conséquence de l'aide d'État. Comme

---

[30] Les informations suivantes sont tirées de
Schick, Sabine : Die Calandreta-Bewegung zwischen Okzitanismus und Reformpädagogik. S. 118-122, S. 134, S.172-179
[31] Ebda. S. 88
[32] Schick, Sabine: Die Calandreta-Bewegung zwischen Okzitanismus und Reformpädagogik. S. 101

réaction face aux Calandreta, l'État offre aussi des écoles bilingues. Grâce à une étude d'Oudin, une femme étudiant l'éducation bilingue en Europe, il se précise que l'occitan est plus utilisé dans les Calandretas que dans les écoles de l'État. Par exemple, quand les enfants jouent pendant le cours et parlent avec l'enseignant, ils parlent 100% l'occitan dans les Calandretas alors que dans les autres écoles le nombre varie entre 80% et seulement 30%. Regardant les nombres quand les élèves parlent entre eux, ce sont toujours 50% dans les Calandretas, mais dans les écoles étatiques, ce sont aussi 50% toutefois aussi 0% dans une autre école à Bordeaux. Quand on examine combien de fois ils utilisent l'occitan à la maison, on discerne que 5% des Calandretas le font, et 0% des écoles de l'État.

L'enseignement a lieu en trois phases. Dans la première, les enfants ont entre deux et quatre ans et vont à l'École Maternelle. Pendant ce temps, ils doivent apprendre à comprendre la langue d'oc. C'est-à-dire que l'enseignant ne parle que l'occitan tout le temps. La prochaine phase, c'est celle d'apprendre à parler. Cette phase commence environ au début de l'École Primaire. Une possibilité d'atteindre la parole, c'est en répétant tout ce que les enfants disent en français en occitan par l'enseignant. Un motif pour les élèves d'apprendre la langue avec intérêt, est d'avoir la possibilité de raconter ce qu'on a fait le week-end si on parle l'occitan. Dans la dernière phase, tous les enfants parlent l'occitan et pour qu'on ne se sente pas bizarre de parler toujours une langue qui n'est pas la langue maternelle, les enseignants organisent des excursions où ils rencontrent des gens qui ont l'occitan comme langue maternelle. À partir du Cycle Elémentaire, l'occitan et le français sont utilisés comme langue de cours. D'ailleurs, ils arrivent en plus des autres matières qui sont enseigné après le programme scolaire de l'Education Nationale.

4. Remarque finale

On peut dire une chose sur l'occitan : son avenir n'est pas déterminé à l'avance, en tous cas n'est pas aujourd'hui. Il va être captivant de suivre le développement dans les années suivantes, si les efforts des organisations montrés étaient inutiles ou si l'occitan peut s'imposer face au français. Mais il ne faut pas oublier que la langue d'oc est depuis plusieurs décennies dans cette situation menacée et qu'on a prédit beaucoup de fois sa disparition. Tout de même, l'occitan est encore parlé. À condition qu'il y ait un petit nombre de personnes qui luttent pour l'occitan et veillent à ce qu'il soit toujours existant dans les têtes des gens. En lisant les livres sur l'occitan on remarque que ce sujet est vraiment souvent traité avec le catalan en Espagne. C'est comme ça parce que ces deux langues présentent certaines similitudes dans l'histoire. Mais contrairement à l'occitan, le catalan a déjà atteint un statut plus officiel. Peut-être faut-il copier la manière d'agir des espagnoles pour que les problèmes diminuent.

19

5. Appendice

5.1. Bibliographie

Littérature

Kremnitz, Georg: Das Okzitanische. Sprachgeschichte und Soziologie. Tübingen 1981

Nique, Christian: Précis d'occitan et de catalan. Montpellier 2006.
Schick, Sabine: Die Calandreta-Bewegung zwischen Okzitanismus und Reformpädagogik: Eine empirische Untersuchung zur bilingualen Erziehung in Südfrankreich. Frankfurt am Main 2000.

Schick, Sabine: Die Calandreta-Bewegung zwischen Okzitanismus und Reformpädagogik: Eine empirische Untersuchung zur bilingualen Erziehung in Südfrankreich. Frankfurt am Main 2000.

Schlieben-Lange, Brigitte: Okzitanisch und Katalanisch. Ein Beitrag zur Soziolinguistik zweier romanischer Sprachen. 2. Auflage. Tübingen 1973.

Sources Internet

http://www.ladepeche.fr/article/2010/07/09/871085-L-occitan-prend-un-coup-de-jeune.html
Date d'accès : 7 novembre 2010

http://www.legifrance.gouv.fr/html/constitution/constitution2.htm#preambule
Date d'accès : 7 novembre 2010

5.2. Source d'iconographie

Illustration 1 :   http://fr.wikipedia.org/wiki/Fichier:Languesdoc.png

Date d'accès : 7 novembre 2010

Illustration 2 :   http://drapeaux.centerblog.net/5746124-drapeau-occitanie-==-Bandiera-Occitania

Date d'accès : 7 novembre 2010

Ce drapeau représente la langue et la culture occitanes.